COLLECTION A. RAIFÉ

CATALOGUE
DES OBJETS D'ART
ET DE CURIOSITÉ

Du Moyen Age et de la Renaissance

COMPOSANT LA COLLECTION DE FEU M. RAIFÉ.

VENTE

Les jeudi 14, vendredi 15 et samedi 16 mars
à 2 heures précises,
Hôtel des Commissaires-priseurs, rue Drouot, nº 5,
Salle nº 3, 1er étage.

EXPOSITION

Le mercredi 13 mars 1867, de 1 heure à 5 heures.

Me DELBERGUE-CORMONT, commissaire-priseur,

M. CARLE-DELANGE, expert.

PARIS
IMPRIMERIE DE AD. LAINÉ ET J. HAVARD
RUE DES SAINTS-PÈRES, 19

1867

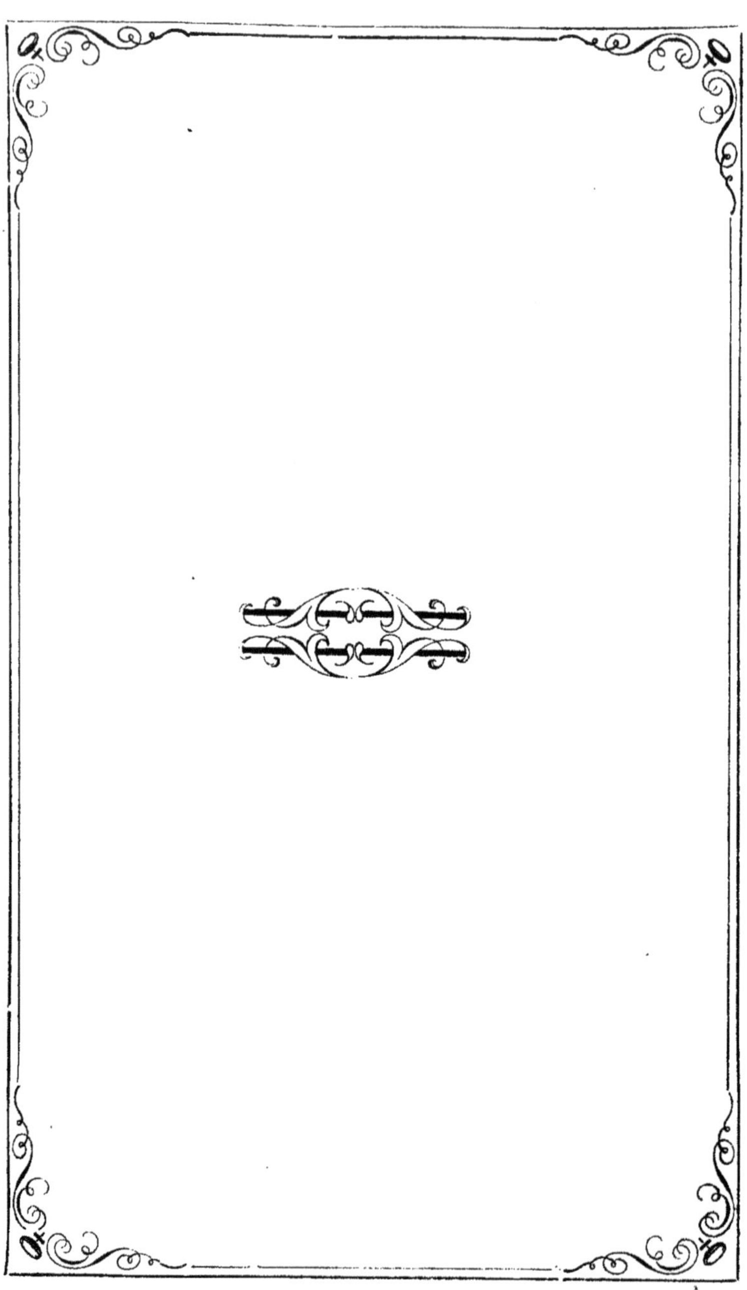

CATALOGUE

D'OBJETS D'ART ET DE CURIOSITÉ.

ORDRE DE LA VENTE.

PREMIÈRE VACATION.

Sculptures en marbre, pierre, albâtre et terre cuite.	de 1 à 26 *bis*.
Ivoires.	de 48 à 93 *bis*.
Bois sculptés	de 94 à 117
Faïences.	de 118 à 129
Émaux.	de 130 à 142 *bis*.
Orfévrerie et Bijoux.	de 158 à 193
Objets religieux.	de 194 à 217

DEUXIÈME VACATION.

Bronzes.	de 27 à 47
Verreries.	de 143 à 157
Objets divers.	de 218 à 303 *bis*.
Camées intailles et pierres dures.	de 304 à 347
Meubles.	de 348 à 367
Miniatures.	de 368 à 372

TROISIÈME VACATION.

Armes.	de 373 à 402
Orient.	de 403 à 568
Objets non catalogués.	

CONDITIONS DE LA VENTE.

La vente aura lieu au comptant; les acquéreurs payeront 5 p. % en sus des enchères.

Nota. Le mercredi 15 mars, les principaux objets antiques de la collection de feu M. Raifé, exposés en même temps que les objets d'art et de curiosité formant l'objet du présent catalogue, seront vendus le lundi 18 mars et jours suivants, même salle n° 3.

L'exposition mettant à même d'examiner les objets, il ne sera admis aucune réclamation, une fois l'adjudication prononcée.

Paris. — Imprimerie de Ad. Lainé et J. Havard, rue des Saints-Pères, 19.

CATALOGUE

DES

OBJETS D'ART ET DE CURIOSITÉ

DU

MOYEN AGE ET DE LA RENAISSANCE

COMPOSANT LA

COLLECTION DE FEU M. A. RAIFÉ.

DONT LA VENTE AURA LIEU

HOTEL DES COMMISSAIRES-PRISEURS, RUE DROUOT, 5,

SALLE N° 3, PREMIER ÉTAGE.

Les jeudi 14, vendredi 15, et samedi 16 mars 1867,
à 2 heures précises.

Par le ministère de Mᵉ DELBERGUE-CORMONT, commissaire-priseur.
Rue de Provence, 8,

Assisté de M. Carle DELANGE, expert, quai Voltaire, 5,

Chez lesquels se distribue le présent Catalogue.

Exposition publique le mercredi 13 mars, de 1 h. à 5 heures.

PARIS

IMPRIMERIE DE AD. LAINÉ ET J. HAVARD

RUE DES SAINTS-PÈRES, 19

—

1867

SCULPTURES EN MARBRE, PIERRE, ALBATRE ET TERRE CUITE.

---

1. Petite statuette représentant un jeune Pêcheur accroupi ; entre ses jambes un dauphin. Travail italien. fin du xvie siècle.

2. Figure en marbre, debout, entièrement recouverte d'un voile. xvie siècle.

3. Figure en marbre, Moine debout lisant dans un livre. xvie siècle.

4. Bas-relief en marbre coloré, représentant un cavalier nègre. La tête du cheval manque. Travail italien du xvie siècle.

5. Bas-relief en marbre représentant un fragment d'armoiries, le haut d'un casque surmonté d'un hippogriffe. Travail allemand, xvie siècle.

6. Petit bas-relief en marbre blanc, la Vierge Marie. Travail italien, fin du xve siècle.

7. Bas-relief en marbre, représentant la Mise au tombeau. xve siècle.

8. Deux têtes d'hermès, en marbre; l'une un Guerrier, et l'autre un Hercule. Travail italien, xive siècle.

9. Tête de Vénus, en marbre blanc de Carrare. Italien, xvie siècle.

10. Petit buste de Julie, en jaune antique. Travail italien, XVIe siècle.

11. Tête d'empereur, en rouge antique. Travail italien, XVIe siècle.

12. Reproduction en marbre d'un tombeau romain. Travail italien.

13. Marbre de Carrare, buste de Napoléon Ier; par Chaudé.

14. Albâtre. Portrait de saint Vincent de Paul. Travail italien du XVIIe siècle.

15-16. Deux bas-reliefs en albâtre de Lagny. L'un représentant Jésus au jardin des Oliviers, et l'autre la Vierge tenant le corps du Christ.

17. Bas-relief, de forme cintrée, en pierre lithographique, représentant, en trois registres, le Christ et les douze Apôtres. Travail byzantin du XIIe au XIIIe siècle. Il manque un morceau dans la partie cintrée.

18. Bas-relief en pierre sculptée, représentant un personnage agenouillé devant une chapelle; à ses pieds un casque; sur le prie-Dieu une armoirie; au fond une armoirie surmontée d'une couronne et entourée du collier de l'ordre de Saint-Michel. Travail français, XVIe siècle. On lit : Armes de Messire Jehan de Rostaing et de Madame Jehanne de Chartres, père et mère de Messire Tristan de Rostaing, 1537.

19. Bas-relief en pierre, représentant la Vierge tenant l'Enfant Jésus, assise sur un trône et environnée d'une gloire d'anges. Travail italien du XVe siècle.

20. Grande figure de Vierge, ronde bosse, en terre émaillée, les mains jointes et tenant sur ses genoux la figure du Christ mort. Les anges qui soutenaient le Christ manquent. Italie, Luca della Robbia.

21. Bas-relief en terre émaillée noire. Buste de Maxi-

milieu II vu de profil et portant la cuirasse. Travail allemand, fin XVIe siècle.

22. Bas-relief en terre cuite, de forme cintrée, représentant la Vierge assise tenant l'Enfant Jésus, à ses pieds saint Jean-Baptiste agenouillé. Travail italien, XVIe siècle.

23. Petite statuette en terre cuite peinte, représentant un Roi assis. Travail français, XVIe siècle.

24. Petite tête d'hermaphrodite, en terre cuite. Travail italien, XVIe siècle.

25. Statuette en terre cuite, représentant Marie-Antoinette, reine de France, en Hébé. Esquisse par Pajou.

26. Petit guéridon avec dessus en marbre supporté par trois figures de génies en terre cuite terminées en gaîne à pieds de bouc, les bras étendus et tenant des couronnes. Époque Louis XVI.

26 *bis*. Grand vase en terre rouge, à anses: imitation de l'antique. Hauteur : 0 m. 80 c.

BRONZES.

---

27. Statuette de soldat armé d'une pique. Travail allemand du XVIe siècle.

28. Statuette d'homme nu et barbu. Travail italien du XVIe siècle.

29. Statuette de femme tenant un vase. Travail italien du XVIe siècle.

30. Petite statuette de femme, en costume, avec collerette relevée. Travail français, fin XVIe siècle.

31. Lion en bronze, formant lampe à deux becs. Travail allemand, XIVe ou XVe siècle.

31 *bis*. Flambeau en bronze, formé par une figure de Daphné supportant le binet du flambeau. Travail italien du XVIe siècle

32. Lampe en bronze, formée par un faune accroupi. Travail florentin, XVIe siècle.

33. Petit vase en bronze, à anse surélevée et à goulot orné d'un mascaron. Travail italien, XVIe siècle.

34. Clochette à trois pieds, surmontée d'une figurine de fou jouant d'une cornemuse formée par une peau de bouc. Travail allemand, fin XVIe siècle.

35. Écritoire formée par une coquille montée sur piédouche. Fin XVIe siècle.

36. Tête de femme. Travail florentin, xvie siècle.

37. Buste en bronze, Sully. Travail français, xviie siècle.

38. Bronze. Petit cheval. Travail italien, xvie siècle.

39. Petite figure de Satyre sur un cheval marin. Travail italien, xvie siècle.

40. Deux Sirènes, en bronze doré, ayant servi de pieds à un meuble. Italie, xvie siècle.

41. Trois petites figures de lions, en bronze doré, de mêmes provenance et époque.

42. Figure d'applique, en bronze doré; Femme à mi-corps tenant un anneau. Allemagne, xvii siècle.

43. Perroquet, en bronze doré. Allemagne, xviie siècle.

44. Applique. Minerve sous un portique. Travail italien, xvie siècle.

45. Petit mortier en bronze, décoré de cariatides et de mascarons. Italie, xvie siècle.

46. Autre mortier, décoré de figures de saints et de fleurs de lis. France, xvie siècle.

47. Vénus et l'Amour. Travail italien, xvie siècle.

IVOIRES.

48. Bas-relief en hauteur. Saint Ivan en habits sacerdotaux; au revers, trois médaillons renfermant des figures de Saints. Travail byzantin du XIe siècle.

49. Fragment de pion de dame, en dent de morse, représentant un guerrier à cheval terrassant son ennemi. XIIe siècle.

50. Plaque de milieu d'un triptyque. Le Christ, sous la figure d'un roi, couronnant la Vierge; au-dessus, deux Anges tenant des encensoirs. Travail français du XIIIe siècle.

51. Dessus d'une boîte à miroir. Sujet de chevalerie (Chasse au faucon). Travail français du XIIIe siècle.

52. Autre analogue, représentant le Château d'Amour.

53. Triptyque à toit aigu orné de choux-fleuris. Le centre représente la Vierge assise, tenant l'Enfant Jésus et couronnée par deux anges. Le volet de gauche représente un Roi offrant la représentation d'une église, et celui de droite une Reine tenant un cœur. Travail français. XVe siècle.

54. Volet de diptyque, représentant la Vierge et le Christ. Travail français, XIVe siècle.

55. Tablette à cire, représentant un Personnage tenant un faucon et caressant le menton d'une dame qui tient un leurre. Sujet allégorique. Travail français du XIVe siècle.

56. Couteau d'écuyer tranchant, à large lame. Le manche en ivoire, terminé par un lion, est joint à la lame par un anneau en argent gravé, enrichi de deux médaillons en émail translucide. Pièce rare et curieuse du XIVe siècle.

57. Pièce d'échiquier, représentant un éléphant portant une tour. Travail italien du XIVe siècle.

58. Figure de Vierge portant l'Enfant Jésus. Un socle orné de bas-reliefs en os. Travail italien, XVe siècle.

59. Crosse dont la volute, enrichie de feuillages et terminée par une tête de dragon, renferme l'Agneau pascal. Travail français du XVe siècle.

60. Dessus de boîte à miroir, représentant Samson déchirant le lion. Travail allemand, XVe siècle.

61. Autre, représentant Hercule terrassant un lion. Même travail et même époque.

62. Coffret de mariage, de forme octogone, en marqueterie d'os et de bois, décoré de bas-reliefs en os représentant des sujets de chevalerie; le couvercle, en dôme, est décoré d'ornements et de bustes de personnages. Ouvrage italien du XVe siècle.

63. Damier de voyage, en os sculpté, formant boîte, et décoré de personnages. XVe siècle.

64. Boîte à couleurs en ivoire, formant diptyque, servant probablement aux peintres de manuscrits. XVe siècle.

65. Manche de couteau, terminé par une tête de lion héraldique. XVe siècle.

66. Fragment en ivoire, représentant deux Personnages couchés sur un tombeau. XVe siècle.

67. Deux fragments de coffre en os. Travail italien, XVe siècle.

68. Cinq fragments en os, représentant des bustes de personnages.

69. Petite statuette en ivoire, représentant un Personnage à cheval en costume du XVIe siècle. Travail allemand, très-fin d'exécution.

70. Petite statuette de la Vierge allaitant l'Enfant Jésus. Travail italien, XVIe siècle.

71. Vierge tenant l'Enfant Jésus. Travail allemand, XVIe siècle.

72. Charmante petite figure d'enfant. Travail italien, XVIe siècle.

73. Petite Figure de femme nue, tenant une draperie ; la tête couverte d'une coiffure élevée. Travail allemand, XVIe siècle.

74. Pièce d'échiquier en os, représentant un Cavalier. Travail allemand, XVIe siècle.

75. Pion de dame en dent de morse, représentant des personnages construisant une tour. Travail italien du XVIe siècle.

76. Petite boite à miroir, représentant Vénus, Adonis et l'Amour. Travail italien, fin du XVIe siècle.

77. Moitié d'un peigne sculpté, représentant des sujets amoureux. Travail allemand, XVIe siècle.

78. Partie antérieure d'un olifant, décoré d'arabesques et d'une armoirie. Travail français très-fin, XVIe siècle.

79. Petit bas-relief, représentant une femme couchée, vue de dos. Travail italien. XVIe siècle.

80. Couteau dont le manche en ivoire est terminé par une tête de lion. XVIe siècle.

81. Poire à poudre en corne de cerf, décorée d'un personnage en costume de Henri III. Travail français.

82. Chausse-pied en corne sculptée, décorée d'arabesques et d'un médaillon gravé représentant Samson déchirant le lion. Ouvrage français daté 1518.

83. Grain de chapelet en ivoire, représentant la tête du Christ accolée à une tête de mort. Travail français, XVIe siècle.

84. Statuette représentant la Vierge sur un rocher formant fontaine; le bas, en forme de grotte, renferme le Bon Pasteur. Travail français, XVIIe siècle.

85. Statuette de la Vierge portant l'Enfant Jésus. Travail italien, XVIIe siècle.

86. Petite statuette de Cérès. Travail français, XVIIe siècle.

87. Tête de moine. XVIIe siècle.

88. Buste d'homme. XVIIe siècle.

89. Épingle à cheveux, terminée par un buste de femme. XVIIIe siècle.

90. Étui en ivoire teinté, représentant Arlequin tenant une guitare. La tête, la monture et les accessoires sont en or. Époque de Louis XV.

91. Figure de femme accroupie jouant de la guitare et formant flacon. La base forme boîte à mouches. Époque de Louis XV.

92. Médaillon représentant une tête de femme de profil. Époque de Louis XVI.

93. Figurine grotesque formant dé à jouer.

93 *bis*. Petit calendrier, finement sculpté et repercé à jour. Style Louis XVI.

7

BOIS SCULPTÉS.

---

94. Grande châsse en bois sculpté, couverte entièrement de peintures représentant des épisodes de la vie de saint Antoine et de saint Laurent. Trouvée en Belgique. Pièce curieuse de travail allemand du XVe siècle.

95. Groupe en bois, peint et doré, représentant une Sainte soutenue par deux personnages. Provenant d'un retable du XVe siècle.

96. Statuette de la Vierge tenant l'Enfant Jésus; anciennement dorée. Travail français, XVe siècle.

97. Peigne en buis décoré d'ornements en ivoire, repercé à jours. Travail italien, XVe siècle.

98. Boîte carrée, à couvercle à coulisses, ornée de rosaces sculptées. XVe siècle.

99. Frise d'ornements gravée sur bois, ayant servi pour l'impression. Fin du XVe siècle.

99 *bis*. Rosace d'instrument à cordes découpée à jours, avec bordure incrustée d'os. Travail italien, fin du XVe siècle.

100. Cadre de miroir à coulisse, avec pilastres et frontons en bois sculpté et doré. Le panneau de la coulisse orné d'une peinture représentant Léda, ayant auprès d'elle Castor et Pollux. Travail italien, XVIe siècle.

101. Bas-relief en bois sculpté, représentant le Triomphe de la mort. Pièce capitale. Travail allemand, XVIe siècle, d'après Holbein.

102. Pièce d'échiquier en bois, représentant un Roi debout. Travail allemand, XVIe siècle.

103. Pièce de dame en buis sculpté, représentant une princesse allemande, Sibila Erin, femme du duc Jean-Frédéric. Travail allemand, XVIe siècle.

104. Autre, représentant une princesse de Bourgogne, Flavie. XVIe siècle.

105. Petite croix latine en bois de cèdre, représentant des sujets du Nouveau Testament. Ouvrage des moines du Liban.

106. Petit bas-relief en bois sculpté, représentant saint Hubert. Travail allemand, XVIIe siècle.

107. Busc de femme en buis sculpté décoré d'un petit bas-relief et d'un mascaron terminé par un feuillage. Travail allemand, XVIIe siècle.

108. Cuiller en buis, dont le manche en argent doré est terminé par une petite cariatide de femme.

109. Petite statuette de sainte tenant un livre. Travail français, XVIIe siècle.

110. Bas-relief encadré, représentant un buste de sainte en profil, XVIIe siècle.

111. Médaillon rond, représentant Éléonore-Madeleine-Thérèse, princesse de l'Empire. XVIIIe siècle.

112. Une paire de sabots découpés à jour et décorés de fleurs et feuillages peints et dorés. Travail vénitien du XVIIe siècle.

113. Râpe à tabac en forme de soulier. Époque de Louis XIV.

114. Deux boîtes rondes à poudre dont le couvercle est décoré d'ornements et de feuillages. Époque de Louis XV.

115. Une boîte ronde décorée de feuillages.

116. Deux autres analogues.

117. Deux autres plus petites.

FAYENCES.

118. Magnifique vasque en fayence à anses formées par des serpents entrelacés. L'extérieur est décoré de paysages; l'intérieur représente Horatius Coclès à cheval, défendant le pont contre les Étrusques. Fabrique d'Urbino, XVIe siècle. Cette pièce intacte, par la beauté du dessin et de l'émail, doit être attribuée à Orazio Fontana.

119. Grand plat à bordure alternée de feuillages et d'imbrications. Au centre un Sphinx à tête de femme. Le tout rehaussé de reflets métalliques jaunâtres. Fabrique de Deruta, XVIe siècle.

120. Grand plat représentant une bataille. Au centre de la mêlée, un cavalier tient un drapeau portant une armoirie. Fabrique d'Urbino, XVIe siècle.

121. Statuette. Neptune sur un cheval marin. Œuvre d'un des successeurs de Bernard Palissy (Guillaume Dupré).

122. Statuette. L'Enfant aux chiens. Œuvre de Guillaume Dupré.

123. Saucière. Figure de femme tenant deux cornes d'abondance. Œuvre d'un des successeurs de Bernard Palissy, d'après un de ses moules.

124. Grès des Flandres décoré de feuillages émaillés bleu.

125. Grès à large panse orné de trois armoiries.

126. Grès à anses uni, fond jaune.

127. Pot à anses à fond bleu, décoré de fleurs émaillées en blanc. Fabrique de Nevers.

128. Vases à double panse, de mêmes décors et même fabrique.

129. Gourde de mêmes décors et même fabrique.

ÉMAUX.

---

130. Plaque carrée, représentant le Christ en croix entre les deux larrons. A gauche, la Vierge évanouie entre les bras de saint Jean et de sainte Madeleine; à droite deux cavaliers, en bas deux armoiries. Ancienne fabr. de Limoges, xve siècle.

131. Baiser de paix, représentant la Nativité. Limoges, par N. Pénicaud.

132. Agrafe en cuivre émaillé, représentant la Vierge et l'Enfant Jésus. Travail italien, xve siècle.

133. Plaque ovale, représentant trois femmes dans un paysage. Celle du milieu joue de la viole, celle de gauche tient une couronne de fleurs, et celle de droite un panier de fruits. Monture en argent doré. Limoges, signé L. L. (Léonard Limosin.) Décrit dans la Notice des émaux du Louvre, par M. de Laborde, page 288.

134. Plaque circulaire, représentant un buste de Nerva Trajan en relief. Limoges, signé I. P. (Jean Pénicaud).

135. Très-jolie salière. La naissance d'Hercule et trois de ses travaux. Limoges, signée P. C. (Pierre Courtois).

136. Pied de coupe, représentant des jeux d'enfants. Le balustre à fond blanc, décoré d'arabesques brunes et or. Limoges, par Pierre Rexmond.

137-138. Deux plaques, sujets de la Passion. Fabrique commune de Limoges, XVIe siècle.

139. Petite bourse, représentant de chaque côté une dame en costume Louis XIV. Limoges, signée I. L. (Jean Landrin).

140. Plaque rectangulaire, représentant l'Assomption de la Vierge. Limoges, signée P. N. (Pierre Nouailliers).

141. Plaque ovale. Le Christ en croix. Limoges.

142. Portrait de Anne-Marie Martinozzi, princesse de Conti, sœur puînée du cardinal Mazarin. Par Petitot.

142 *bis*. Petit portrait sur émail, Marie-Antoinette.

VERRERIES.

---

143. Cor de chasse en verre orné de bandelettes contournées et d'une armoirie gravée à la pointe. Venise. XVIIe siècle.

144. Flambeau-balustre en verre uni. Même fabrique.

145. Verre à pied élevé et filigrané. Même fabrique.

146. Verre à pied en forme de fleur et à quatre petites anses. Même fabrique.

147. Bouteille à côtes, verre uni. Même fabrique.

148. Plateau à bords contournés en verre uni. Même fabrique.

149. Deux petites corbeilles à jour. Même fabrique.

150. Deux bouteilles surmontées de boules, en verre blanc opaque, jaspé de bleu et de rouge. Venise, XVIIe siècle.

151. Flacon à côtes horizontales, de même travail et de même fabrique.

152. Flambeau formé par un dauphin, en verre opalisé. Venise, fin XVIe siècle.

153. Petit flacon à deux anses, en verre bleu et doré par parties. Venise.

154. Deux flacons plats, en verre opaque et jaspé. Venise.

155. Un autre analogue.

156. Trois petits flacons en verre bleu moulé, décorés d'armoiries. Venise.

157. Petit flacon, formé par une tête grotesque, en verre blanc opaque. Venise.

ORFÉVRERIE & BIJOUX.

158. Couronne votive, en argent doré, enrichie de pierreries et décorée de médaillons en émail représentant des bustes de saints. Elle porte tout autour l'inscription suivante niellée : — 1517. DIE ZX IVNII HEC. OPERA. FECIT. FIERI. COMVN. CACCARXEN. EX. VOTO. PESTE. TEMPORE. D. F. PETRI TAXA. Pièce des plus remarquables de l'orfévrerie milanaise du commencement du XVIe siècle.

159. Reliquaire en forme de flèche d'église, en argent, doré par parties. Travail français du XIVe au XVe siècle.

160. Pot à bière, à couvercle, entièrement couvert d'arabesques gravées à l'eau-forte, dans le goût oriental. L'anse, formée par une volute, est terminée par une cariatide et surmontée d'un mascaron grotesque. Il porte l'inscription hollandaise : *Die di Clenodie kryghten hand bewaert het als een diere Baarpand vyt doctor Luthers huijs Gebraght t'Komt van geslaght tot geslaght doch schoon dit js verderfelijk Smans Leer die Blijst onsterfelijk*. A. D. 1521. Charmante pièce d'orfévrerie allemande, ayant appartenu, comme l'inscription l'indique, avec le N° suivant, à Martin Luther.

161. Grand gobelet, en argent doré, à couvercle, portant sous le pied une inscription hollandaise identique à celle du vase qui précède, et en outre le nom de Margreda PFEIFFERS et A. D. 1534.

161 *bis*. Autre Gobelet, en argent doré, avec une frise d'ornements en relief, dans le bas. Travail allemand, XVIIe siècle.

162. Petite tasse de chasseur, en argent repoussé, décorée de feuillages et de médaillons renfermant des animaux. Au centre, une petite figure de cerf en relief, dont la tête mobile se tourne toujours du côté où l'on boit. Travail allemand, fin XVIe siècle.

163. Petite coupe godronnée, à deux anses horizontales en argent. Époque Louis XIII.

163 *bis*. Petit couvert (cuiller et fourchette), en argent doré, terminé par des cariatides et enrichi de petits mascarons. Travail allemand, XVIe siècle.

164. Médaille à suspendre, en argent doré, avec le portrait de Martin Luther : au revers, une croix dans un cœur, au milieu d'une rosace, et la date 1533. Travail allemand.

165. Fibule en or filigrané, forme carrée, enrichie de cabochons en saphirs, rubis et perles. XVe siècle.

166. Petit bijou à suspendre, en améthyste gravée, représentant : d'un côté, la Vierge, l'Enfant Jésus et saint Jean, sur le sommet d'un temple ; de l'autre, l'Ecce Homo. Travail italien, fin XVIe siècle.

167. Petit crucifix reliquaire en or émaillé, orné de perles. Travail allemand, fin du XVIe siècle.

168. Petit bijou, en forme de poire, en or émaillé, orné de perles. Travail allemand, fin du XVIe siècle.

169. Petit bijou, en perles et or émaillé, représentant une Sirène à double queue de poisson. Travail italien, fin du XVIe siècle.

170. Paire de boucles d'oreilles, en or émaillé, avec pendants en perles irrégulières. Travail italien, fin du XVIe siècle.

171. Anneau en or, décoré de filigrane et de fleurettes émaillées. XVIe siècle.

172. Bague à chaton, en or émaillé. Fin du XVIe siècle.

173. Bague en argent. Même époque.

174. Bague en or émaillé; cabochons. XVIe siècle.

175. Bague en or émaillé, ornée de fleurettes et d'un cabochon en forme de cœur. XVIe siècle.

176. Bague en or émaillé. XVIe siècle.

177. Bague en or, ornée d'une pierre. XVIIe siècle.

178. Bague en or. Même époque.

179. Bague de mariage, en argent, décorée d'un médaillon niellé. XVIe siècle.

180. Petit bijou à suspendre, en filigrane d'or émaillé. XVIIe siècle.

181. Deux boucles d'oreilles en or ciselé. Époque Louis XV.

182. Boule en argent émaillé et cloisonné, s'ouvrant en quatre compartiments et destinée à mettre des parfums. Travail italien, XVIe siècle.

183. Étui en argent repoussé, renfermant un petit nécessaire de dame. Époque Louis XV.

184. Six paires de boucles d'oreilles en or, filigrane et autres; de travail italien. Seront divisées.

185. Cinq paires de boucles d'oreilles en argent, filigrane et autres; de travail italien. Seront divisées.

186. Quatre épingles à cheveux, en filigrane, d'argent. Seront divisées.

187. Quatre bagues en filigrane d'or. Seront divisées.

188. Deux boucles d'oreilles et un nœud en strass monté en argent. Travail allemand.

189. Boucle de ceinture en filigrane d'argent doré, ornée de grenats. Travail allemand.

190. Croix en filigrane d'or ; de travail italien.

191. Médaille à suspendre, en filigrane d'argent.

192. Chapelet en filigrane d'argent. Italie.

193. Sept pièces en argent : collier, cœur, et bagues.

OBJETS RELIGIEUX.

---

194. Bassin à verser l'eau, en bronze émaillé, représentant des personnages et des animaux avec enroulements de feuillages. Limoges, XIIIe siècle

195. Custode émaillée, décorée de feuillages et de médaillons. Limoges, XIIIe au XIVe siècle.

196. Autre analogue.

197. Autre analogue.

198. Anneau papal en cuivre doré, portant les armes d'un pape et les clefs de saint Pierre supportées par des figures d'enfant; aux quatre coins, les Évangélistes. Le dessous de l'anneau porte l'inscription suivante : P.PA. SIXTVS. Travail italien du XVe siècle.

199. Plaque en bronze, en forme d'étoile, représentant le Christ en croix entre deux figures de saints. Le fond émaillé bleu. Limoges, XIVe siècle.

200. Triptyque peint, contenant seize sujets représentant la vie de sainte Ursule. Peintures du XVe siècle, sur fond d'or.

201. Petit reliquaire, sur pied élevé, en cuivre et argent, du XVe siècle.

202. Ciboire, sur pied élevé, en cuivre doré. Travail allemand du XVe siècle.

203. Figure d'applique, en argent repoussé, représentant saint Georges terrassant le Démon. Travail français du XIVe siècle.

204. Médaillon rond, en cuivre repoussé et découpé à jour, représentant une des figures des évangélistes : l'Ange. Travail français du XIVe siècle.

205. Figure d'applique à mi-corps, en cuivre repoussé et doré, représentant un Personnage mitré et drapé. Travail italien, XIVe siècle.

206. Figure de Christ, en cuivre doré, avec pierreries incrustées, provenant d'une croix du XIVe siècle.

207. Autre en bronze doré. XIVe siècle.

208. Autre analogue.

209. Fragment de reliquaire, composé de trois Figures d'anges les bras élevés. XIVe siècle.

210. Bas-relief d'applique, en cuivre repoussé et doré, représentant le Christ assis. Au-dessus, deux anges. XIVe siècle.

211. Couronne en bronze doré, provenant d'une statue du XVe siècle.

212. Figures d'applique, en bronze doré. La Vierge tenant l'Enfant Jésus; devant elle un personnage agenouillé. XVe siècle.

213. Figurine d'applique. Saint en bronze doré. XVe siècle.

214. Petite figure de saint Jean, en bronze doré, provenant d'un reliquaire. XVe siècle.

215. Autre figurine de saint, de même provenance et de même époque.

216. Petite crosse, en bronze doré, servant de signet pour les Missels. XVe siècle.

217. Figurine, en bronze doré, représentant un Personnage marchant. Fragment d'un monument du XVe siècle.

OBJETS DIVERS.

---

218. Médaillon carré, en cire colorée, représentant, en buste, une Jeune fille en costume du XVIe siècle. Travail allemand.

219. Petit portrait en cire. Jeune femme vêtue d'un riche costume du XVIe siècle.

220. Autre analogue.

221. Cire colorée. Deux portraits de femme en costumes du XVIe siècle, dans un cadre en cuivre.

222. Médaillon en cire colorée. Portrait d'une dame italienne en costume du XVIe siècle. Ouvrage d'une finesse d'exécution et d'une conservation rares; Alfonso Lombardi Ferrarese. *Voy.* Vasari, vol. III, pag. 355.

223. Bas-relief en pâte, représentant le mariage de Ferdinand I d'Autriche, frère de Charles V, avec Anne, fils de Ladislas, roi de Hongrie. Commencement du XVIe siècle.

224. Pion de dame, en cire, représentant Catherine de Bore, épouse de Martin Luther. Travail allemand, XVIe siècle.

225. Médaillon rond. Nielle représentant d'un côté sainte Véronique tenant le voile avec la figure du Christ, l'autre face porte une inscription; le centre découpé à jours. Ouvrage italien du XVIe siècle.

226. Médaillon ovale. Nielle représentant d'un côté la Vierge et l'Enfant Jésus, et de l'autre un Évêque et deux Anges. Travail italien du XIVe au XVe siècle.

227. Petit nielle ovale, représentant un buste d'homme dans le style de Masaccio. Travail italien, XVIe siècle.

228. Canette en étain, à couvercle, ornée de médaillons renfermant des sujets de l'Ancien Testament. Travail allemand, datée 1728.

229. Plateau en étain, dont le centre et la bordure sont décorés de médaillons renfermant des figures de princes allemands à cheval. Travail allemand, XVIIe siècle.

230. Autre, dont la bordure est décorée d'arabesques. Même travail et même époque.

231. Verre à boire de Venise, monté sur un pied à balustre en cuivre doré, décoré d'ornements en relief. Travail allemand, fin du XVIe siècle.

233. Une paire de petits flambeaux en cuivre gravé. Travail vénitien du XVe siècle, dans le style arabe.

234. Fermoir d'escarcelle en fer forgé, orné de trois mufles de lion. Travail français, XVe siècle.

235. Petit étui, à tablettes en fer, décoré d'une frise d'arabesques damasquinées d'or; au centre, un éléphant également damasquiné. Travail français de la fin du XVIe siècle.

236. Fourchette en argent, terminée par une cariatide de faune. Travail italien, XVIe siècle.

237. Autre, en bronze doré, de même travail et de même époque.

238. Étui à tablettes, en fer gravé, portant d'un côté, des arabesques et trophées, de l'autre un porte-enseigne. France, XVIIe siècle.

239. Étui à ciseaux, en fer gravé, décoré d'arabesques et de feuillages. XVIIe siècle.

240. Petit étui en fer gravé, décoré d'arabesques. XVIIe siècle.

241. Fourchette en argent, terminée par un pied de bouc. XVIe siècle.

242. Deux petites cuillers et un poinçon en cuivre. XVIe siècle.

243. Petite cisaille en fer damasquiné d'or. XVIe siècle.

244. Ciseaux avec leur étui en fer damasquiné d'argent. XVIIe siècle.

245. Ciseaux avec étui en cuivre gravé et incrusté d'ornements d'argent. XVIIe siècle.

246. Pince en cuivre. XVIIe siècle.

247. Petite dague en fer. XVIe siècle.

248. Petit couteau avec manche en ambre sculpté représentant un buste de femme. XVIe siècle.

249. Pierre d'aimant avec monture en argent. XVIe siècle.

250. Ciseaux formés par un oiseau fantastique en fer forgé. Travail curieux, XVe siècle.

251. Montre en cuivre dont le tour est repercé à jours. XVIIe siècle.

252. Autre montre en cuivre dont la boîte est gravée. Époque de Louis XIV.

253. Petit étui en cuir gaufré renfermant des ciseaux et des poinçons montés en argent. Fin du XVIIe siècle.

254. Breloque en forme de petit pistolet à rouet en fer et cuivre gravé. XVIIe siècle.

255. Astrolabe en cuivre gravé et doré. Travail allemand, XVIe siècle.

256. Petite Romaine en bronze du XVIe siècle.

257. Autre semblable, mais incomplète.

258. Fibule gothique en bronze, portant l'inscription VIRTVS IN AMA DIO.

259. Trois autres Fibules gothiques avec inscription.

260. Entrée de serrure en bronze doré décorée de mascarons et de trophées. Sur la patte servant à fermer, une figure de Mars en relief. Travail italien du XVIe siècle.

261. Petit médaillon à suspendre, en cuivre doré et ciselé, formé par des cariatides et enroulements, surmonté du lion ailé de Saint-Marc. Travail vénitien du XVIe siècle.

262. Petit médaillon en argent doré, s'ouvrant en deux parties sur le dessus. Le Christ en croix. Les deux côtés intérieurs représentent la Vierge et l'Enfant Jésus, et le Christ entre deux anges. Travail grec du XVe siècle.

263. Petit médaillon en argent doré et ciselé, représentant le Christ debout tenant les Évangiles. Au revers inscription. Travail gréco-russe, XVIIe siècle.

264. Petit médaillon ovale en cuivre repoussé et doré, représentant un guerrier à cheval. Travail français, fin XVIe siècle.

265. Bas-relief oblong, représentant une déesse accompagnée de l'Amour et de deux nymphes traînées dans un char. Italien, XVIe siècle.

266. Bas-relief rond en cuivre repoussé, scène du combat des Centaures et des Lapithes. Travail italien, XVIIe siècle.

267. Plaquette ronde en cuivre doré, Loth et ses filles. Travail allemand, XVIe siècle.

267 *bis*. Cinq plaquettes bronze : Bacchus, — Vénus et les Amours, — Léda, — Neptune combattant, — Bas-relief du Parthénon.

268. Autre. Diane assise sur un cerf. Travail français, xvie siècle.

268 *bis*. Cinq Plaquettes bronze, quatre bustes de personnages et une figure casquée. xvie siècle.

269. Plaquette ovale. Jupiter, sur son aigle, tient embrassée une femme; l'Amour les regarde. Travail italien, xvie siècle.

270. Autre. Femme assise sur les genoux d'un homme. Travail italien, xvie siècle.

271. Petite boîte ronde en cuivre doré, décorée d'une frise de personnages. Travail italien, fin xvie siècle.

272. Boîte en cuivre gravé, dont le couvercle porte une armoirie. Allemagne, xviie siècle.

273. Deux boîtes en écaille, incrustées de nacre et montées en or et cuivre doré. xviiie siècle.

274. Petit cadre en cuivre doré et ciselé, décoré d'arabesques. France, xviie siècle.

275. Petit modèle de lampe florentine en cuivre. xviie siècle.

276. Mosaïque représentant la tête du Christ. Travail italien, xviie siècle.

277. Cornet à dés en cuir gaufré, décoré de feuillages. xviie siècle.

278. Étui de livre d'heures en cuir gaufré, représentant d'un côté l'Annonciation et de l'autre saint Georges combattant le Dragon. xviie siècle.

279. Bas-relief en cuir gaufré, représentant des sujets de l'Ancien et du Nouveau Testament. xviie siècle.

280. Tabatière en forme de botte en cuir gaufré, décorée de feuillages. xviie siècle.

281. Coquille gravée représentant la Vierge tenant l'Enfant Jésus et entourée d'anges; à côté la figure de saint Roch. xviie siècle.

282. Double plaque de ceinture en nacre gravée, décorée de feuillages et de l'aigle à deux têtes. Travail allemand, XVIIe siècle.

283. Deux médaillons en pâte de verre bleu, représentant des bustes de femmes avec cadres en cuivre doré et ciselé.

284. Deux grains de chapelets en noyaux sculptés et repercés à jours.

285. Médaillon en verre rubis, représentant un buste de femme.

286. Dessus de boîte en écaille piquée d'or.

287. Autre semblable.

288. Étui en écaille piquée d'argent.

289. Croix en bois ornée de cabochons en cristal de roche.

290. Fragments de Scrigno italien en ébène incrustée d'ivoire.

291. Mouvement et cadran d'horloge en cuivre doré, orné de quatre têtes de Chérubins. Époque de Louis XIII.

292. Grande tapisserie historique, représentant le mariage de Louis XII et d'Anne de Bretagne. Travail français du XVe siècle.

293. Paire de mules à hauts talons, en soie brodée d'or. Époque Louis XV.

294. Bourse en velours broché d'or et d'argent. XVIe siècle.

295. Coiffure de femme en soie noire et jais. XVIe siècle. Et une coiffure de femme en broderie d'or. — Bavière.

296. Très-beau vitrail représentant les trois Rois mages apportant des présents à l'Enfant Jésus. Ce vitrail faisait partie d'une verrière plus grande. Travail allemand, XVIe siècle.

297. Beau vitrail représentant la Vierge debout tenant l'Enfant Jésus, sous une arcade ogivale. Travail allemand, XIVe au XVe siècle.

298. Petit vitrail représentant au centre une armoirie, à droite et à gauche deux personnages, homme et femme, en haut trois médaillons. Travail suisse très-fin, XVIIe siècle.

299. Petit vitrail représentant la figure du roi saint Louis. Travail français, XVe siècle.

300. Quatre petits vitraux représentant des figures de personnages divers du XVe siècle.

301. Deux petits vitraux représentant saint Michel.

302. Deux petits vitraux suisses et un fragment de tête.

303. Mosaïque de Rome, des colombes perchées sur le bord d'un vase.

303 *bis*. Mandoline incrustée de nacre et d'ivoire. Travail italien, XVIIe siècle.

CAMÉES, INTAILLES ET PIERRES DURES.

304. Plaque ovale, en cristal de roche gravé, représentant une chasse d'animaux féroces par des guerriers. Signée, Valerius Vicentinus. F.

305. Sardonyx. Camée en relief. Un Ange portant les Tables de la Loi, d'un nuage sort la main de Dieu. Travail du xve siècle.

306. Sardonyx. Grand camée. Adieux d'Hector et d'Andromaque. Travail italien, xvie siècle.

307. Sardonyx. Camée représentant une tête de femme, portant un casque sur lequel est un rubis. Travail italien, xvie siècle.

308. Sardonyx. Tête de femme couverte d'un voile. Travail italien, xviie siècle.

309. Fragment de camée pierre dure, représentant une tête en haut-relief. Travail du xvie siècle.

310. Camée à haut-relief, représentant une femme demi-nue, dont une partie du corps est enveloppée d'une draperie. Travail du xvie siècle.

311. Sardonyx. Buste de femme tenant une lyre. Travail italien, xvie siècle.

312. Onyx. Harpocrate debout. D'après l'antique. xviie siècle.

313. Sardonyx. Faune et Nymphe ; à droite, la Victoire écrivant sur un bouclier. XVIIe siècle.

314. Sardonyx. Femme debout auprès d'une fontaine, un jeune homme lui offre du gibier. D'après l'antique. XVIe siècle.

315. Sardonyx. Apollon nu, assis sur un rocher et tenant sa lyre. XVIIe siècle.

316. Onyx. L'Aigle enlevant Ganymède. XVIIe siècle.

317. Sardonyx. Buste de Charles-Quint, en costume. XVIe siècle.

318. Agate à trois couches, fond noir. Aigle combattant un serpent. XVIIe siècle.

319. Sardoine. La Vierge et l'Enfant Jésus. Travail grec, XVe siècle.

320. Onyx nicolo.

321. Sardonyx. Buste de Marie Stuart. Monté en épingle. XVIe siècle.

322. Boucle d'oreille, formée par un camée pierre dure représentant une tête d'enfant. Montée en argent.

323. Onyx. Masque grotesque. XVIe siècle.

324. Sardonyx. Buste d'empereur. XVIe siècle.

325. Silex blanchâtre. Tête de Méduse. XVIIIe siècle.

326. Sardonyx. Intaille. D'un côté : Jupiter, de travail antique ; de l'autre, une figure de sainte, de travail byzantin du XIVe siècle.

326 *bis*. Jayet. Morceau sculpté : la Vierge et l'Enfant Jésus. Destination indéterminée.

327. Un lot de camées et d'intailles, sur pierres diverses. Sera divisé.

328. Petite coupe en agate, sur piédouche, montée en argent doré. Les anses formées par des cariatides ailées. XVIe siècle.

329. Petite coupe en sardoine, montée en argent doré.

330. Petit médaillon en cristal de roche, monté en argent doré.

331. Deux petites colonnes en granit rose, avec embases et chapiteaux en jaune antique.

332. Morceau de spath fluor, taillé en forme de vase.

333. Trois fragments de cristal de roche taillé : cuvettes de montres et chapiteau.

334. Morceau de spath fluor, taillé en forme d'œuf.

335. Boule de lustre, en cristal de roche.

336. Deux boules à rafraîchir, en cristal de roche.

337. Petit socle en lapis-lazuli, avec base en porphyre rouge oriental.

338. Six fragments, plaques et socles, en lapis-lazuli.

339. Deux plaques carrées en agate mousseuse translucide, rare.

340. Plaque octogone en agate rougeâtre.

341. Deux plaques longues en agate mousseuse translucide, rare.

342. Socle carré en porphyre rouge oriental.

343. Socle rectangulaire en granit rose d'Égypte.

344. Deux socles en serpentin vert.

345. Plaque en obsidienne noire, et une ovale en cornaline.

346. Socle carré en chaux fluatée.

347. Un lot de socles et plaques, en marbres divers et albâtres; et un lot de matières dures diverses taillées: lapis, cristal de roche, agate, sardoine, cornaline, etc. Seront divisés.

MEUBLES.

348. Meuble cabinet, dont les volets et les tiroirs sont décorés de soie de couleur brodée d'or, d'argent, représentant des oiseaux dans des paysages. XVIIe siècle.

349. Petit meuble cabinet, à six pans, l'intérieur garni de tiroirs ornés de filets de métal formant rosaces. Époque de Louis XIII.

350. Cadre en ébène, à moulures et ornements de cuivre doré, enrichi d'une plate-bande en agate rubanée; aux quatre coins, des sirènes d'applique en cuivre doré. Époque Louis XIII.

351. Miroir octogone avec cadre et fronton en bois, recouvert de feuillages en cuivre doré et estampé. Époque Louis XIII.

352. Miroir à biseau avec cadre en velours rouge uni.

353. Autre à peu près semblable.

354. Coffret en ébène, décoré d'ornements gravés et dorés avec plaques en nacre gravée et supporté par quatre petites cariatides en cuivre doré. Epoque de Louis XIII.

355. Coffret servant de pupitre, en ébène à moulures; l'intérieur en marqueterie de bois des Iles. Époque de Louis XIV.

356. Coffret en fer gravé à couvercle en dôme, avec

monture en cuivre doré; la serrure, en forme de tourelle, est à lettres. Travail français du XVIe siècle.

357. Coffret en fer forgé, décoré de trois bandes de feuillages à jours. XVe siècle.

358. Petit coffret en fer forgé uni. Travail vénitien, XVIe siècle.

359. Autre semblable.

360. Petit coffret en cuivre gravé. Époque de Louis XIII.

361. Dessous de coffret décoré de bas-reliefs en pâte. Travail italien, XVIe siècle.

362. Coffret en cuir décoré d'ornements dorés à petits fers dans le genre du relieur Le Gascon.

363. Écrin en cuir décoré d'ornements dorés à petits fers; au centre une armoirie papale. Genre des reliures italiennes de l'époque de Louis XIV.

364. Coffret à ouvrage en laque rouge, décorée de paysages et d'animaux dorés. Époque Louis XV.

365. Coffret en peau de chagrin. Époque Louis XV.

366. Miroir de toilette s'ouvrant à deux ventaux et recouvert de velours rouge brodé d'or et d'argent. XVIe siècle.

367. Coffret de toilette recouvert de velours rouge brodé d'or et d'argent. XVIe siècle.

MINIATURES.

368. Miniature à la gouache sur vélin, par Turner, représentant un personnage en costume de l'époque de Henri IV, le duc de Buckingham. Cadre en cuivre doré de l'époque.

369. Miniature à la gouache sur vélin, portrait d'Élisabeth d'Angleterre, dans son cadre en argent repoussé et finement ciselé.

370. Miniature sur vélin. Portrait de femme. Époque de Henri IV, dans un cadre octogone en obsidienne.

371. Petite miniature, portrait de femme. Époque de Henri IV.

372. Aigle à deux têtes en bois dur; au centre, un médaillon renfermant une miniature de femme sur vélin : les ailes et le corps sont décorés de petits médaillons en cristal renfermant des reliques. Ouvrage allemand, fin Louis XIV.

ARMES.

---

373. Petite poire à poudre en fer ciselé, décorée d'un bas-relief repoussé représentant une figure de femme nue tenant une draperie et surmontée d'un petit mascaron. Elle est enrichie d'ornements damasquinés en or et argent. Travail français du XVIe siècle.

374. Poire à poudre en cuivre doré, gravé et ciselé, avec bas-relief représentant le siége de Rome par les Gaulois. Au revers se trouvait une montre dont le mouvement est détruit, et une boussole sur le couvercle de laquelle se trouve une figure tenant d'une main l'olivier et de l'autre une torche. XVIe siècle.

375. Poire à poudre en bois incrusté de nacre et d'ivoire, décorée d'arabesques et de personnages; la monture en fer ciselé et gravé. Fin XVIe siècle.

376. Amorçoir en fer, incrusté d'ornements en or. XVIe siècle.

377. Demi-Armure en fer. Époque d'Henri IV.

378. Morion en fer repoussé, orné de deux grandes fleurs de lis.

379. Petit modèle de casque du XVIe siècle.

380. Épée dont le pommeau, la garde et les garnitures du fourreau sont en fer ciselé et repercé à jour; la lame gravée porte deux portraits de princes

allemands et des inscriptions. Travail allemand du XVIIe siècle.

381. Épée à coquille en fer ciselé et repercé à jours, portant des ornements et des sujets variés. Époque Henri IV.

382. Grande épée à deux mains. Travail allemand, XVIe siècle.

383. Masse d'armes en fer.

384. Mousquet à rouet dont la crosse est décorée de parties d'ivoire gravé. Travail allemand.

385. Glaive d'exécuteur à large lame. XVe siècle.

386. Une paire de pistolets d'arçon.

387. Petit sabre avec poignée en fer damasquiné d'or. Travail persan. Lame en damas.

388. Sabre avec poignée en fer et lame recourbée. Travail persan.

389. Yatagan arabe avec poignée en ivoire.

390. Sabre oriental à lame en damas avec poignée et fourreau monté en argent.

391. Sabre à lame droite en damas avec poignée et fourreau en cuir garni de fer damasquiné d'argent. Travail oriental.

392. Bouclier persan en cuir orné de bossettes et de dessins dorés.

393. Bouclier en cuir noir orné de quatre bossettes en acier damasquiné.

394. Bouclier tressé, garni au centre d'une plaque de métal sur laquelle est une inscription arabe; il porte la croix de Malte.

395. Sabre chinois avec poignée et fourreau garni en cuivre.

396. Fusil albanais orné de nacre incrustée.

397. Autre fusil orné d'incrustations de bois, d'ivoire et de cuivre.

398. Mousquet à pierre dont la crosse et le bois sont incrustés d'ivoire. Travail oriental.

399. Gaîne en ivoire sculpté renfermant un couteau à poignée d'ivoire montée en argent doré, et une sorte de lancette. Travail indien.

400. Masse d'armes terminée en fer de lance. Travail oriental.

401. Deux hallebardes à double tranchant. Travail oriental.

402. Diverses armes et ustensiles de fabriques et pays différents.

ORIENT.

Chine, Inde, Japon.

403. Vase à ablutions, à long bec, en bronze, décoré d'une frise de guerriers à cheval chassant. Traces d'incrustations d'argent; sous le fond, émir à cheval chassant. Travail arabe du XIIIe siècle; fabrique de Mossoul.

404. Pied d'un grand flambeau en cuivre, décoré d'une suite de personnages représentant un prince, sultan ou émir, assis sur son trône et entouré des officiers de sa cour; au-dessus et au-dessous, des frises de cavaliers. Traces d'incrustations d'argent. Travail arabe du XIIIe siècle; fabrique de Mossoul.

405. Pied de flambeau en cuivre, richement décoré d'arabesques et de médaillons contenant alternativement les titres d'un sultan mameluk d'Égypte et des figures d'oiseaux. Travail arabe du commencement du XVe siècle; fabrique du Caire.

406. Coupe basse, à sujets de chasse; sur le bord est une inscription persane en caractères tâlik et en vers rimés. Travail persan du XVIe siècle.

407. Vase en cuivre repoussé et gravé; le bord est décoré d'une frise repercée à jours et la panse entièrement recouverte d'arabesques et de fleurs. Travail persan du XVe siècle.

408. Paire de petits flambeaux en cuivre incrusté d'argent, présentant sur la base : l'un, une frise d'animaux interrompue de distance en distance par un écusson occidental, parti, plusieurs fois répété; l'autre, une inscription arabe interrompue par le même écusson. Travail arabe du XIVe siècle; fabrique de Damas.

408 *bis*. Cassolette en cuivre argenté, avec chaînettes. Travail arabe moderne.

409. Brûle-parfums en cuivre repoussé et découpé à jours, décoré de feuillages et porté sur trois pieds. Il est muni de son plateau. Travail oriental.

410. Boule à parfums en cuivre gravé, décorée d'étoiles repercées à jours.

411. Petite bouteille à long col, en cuivre doré, servant à mettre l'eau de rose pour parfumer.

412. Petit vase à couvercle en cuivre gravé, servant à mettre les confitures.

413. Tasse de chasseur en cuivre gravé, portant des caractères cabalistiques servant à consulter le sort. Travail d'Albanie.

414. Quatre présentoirs turcs en filigrane d'argent, avec quatre tasses de porcelaine de Chine.

415. Huit présentoirs turcs en cuivre repoussé et doré, décorés de feuillages.

416. Écritoire orientale en cuivre, décorée de rosaces et de feuillages émaillés en couleur. Travail oriental.

417. Autre analogue.

418. Écritoire en argent niellé, décorée de feuillages gravés. Travail oriental.

419. Autre en cuivre uni.

420. Deux autres semblables.

421. Écritoire orientale en cuivre grave et repercé à jours.

422. Bambou servant de plume et monté en argent doré. Travail oriental.

423. Une cuiller en dent de nerval.

424. Huit cuillers en bois d'ébène avec manches incrustés.

425. Grande paire de ciseaux en fer, dont les branches sont formées par des anneaux chimériques formant enroulements.

426. Étui en velours renfermant une paire de ciseaux en acier damasquiné d'or.

427. Autre analogue.

428. Bâton de derviche, en bois incrusté de métal.

429. Autre, en fer damasquiné d'or, avec inscriptions, terminé par un stylet.

430. Autre analogue.

431. Couteau à bétel, en cuivre doré, décoré d'ornements gravés et ciselés. Travail oriental.

432. Autre, plus petit, en argent.

433. Pilon de mortier, en fer gravé. Travail persan.

434. Coffret à couvercle cintré, en bois incrusté de nacre formant rosaces rehaussées d'or mat, avec médaillons laqués représentant des oiseaux et feuillages. Travail persan.

435. Un étui à écritoire en bois peint et verni, décoré de fleurs et de personnages. Travail persan. L'écritoire en argent.

436. Miroir, de même travail, décoré d'un sujet représentant une scène d'accouchement.

437. Autre analogue, représentant une femme dans un intérieur.

438. Pupitre en bois vernissé et peint, avec marqueterie d'ivoire et de cuivre formant ornements. Travail persan.

439. Boîte à miroir, de même travail.

440. Étui formant écritoire, en bois vernissé et peint, décoré de feuillages.

441. Anneau en jade, servant à protéger le pouce en tirant de l'arc. Travail persan.

442. Une petite théière, trois vases à couvercle et une poudrière en terre noire, décorés d'ornements incrustés en argent. Travail oriental.

443. Petit vase à couvercle, en terre rouge de Borgaz, décoré d'ornements gravés et dorés. Travail oriental.

444. Petite tasse en terre émaillée bleu turquoise. Travail persan.

445. Petit bol en terre rouge de Borgaz, gravé et décoré d'ornements dorés, l'extérieur entièrement couvert d'or. Travail oriental.

446. Petit vase à couvercle, de même travail.

447. Petite poudrière, de même travail.

448. Deux flacons carrés, en verre bleu, décorés de fleurs et feuillages dorés au feu. Travail persan.

449. Trois bouteilles à long col, en verre de couleur, servant à mettre des parfums. Travail persan.

450. Deux bracelets en verre de couleur.

451. Un bout de narghilé en ambre, avec monture en argent doré et émaillé. Travail oriental.

452. Cinq bouts de narghilés et chibouques en ambre et autres matières montés en argent doré et émaillé. Travail oriental.

453. Deux porte-monnaie en cuir.

454. Deux narghilés complets.

455. Un rebek turc avec son archet.

456. Une paire de chaussures en cuir garnies de fils d'argent.

456 *bis*. Une paire de sandales de bain en bois. Travail orienta .

457. Une coiffure de femme avec ornements en cuivre argenté et doré. Turquie.

458. Paire de sandales de bain en bois décorées de feuillages en métal incrusté. Travail oriental.

459. Trousse de barbier en cuir brodé renfermant trois rasoirs montés en ivoire, un couteau et un blaireau. Travail oriental.

460. Peigne en dent de nerval renfermé dans son étui en soie brodée d'or et d'argent.

461. Deux œufs d'autruche peints et dorés, décorés de glands. Travail algérien.

462. Deux autres blancs.

463. Table à café en bois découpé à jours, avec parties peintes et autres dorées. Travail oriental.

464. Bracelets en or. Poids, 44 gr.

465. Trois paires de boucles d'oreilles, trois boucles d'oreilles détachées, un bracelet et cinq fragments de collier en or. Poids, 54 gr.

466. Six pièces argent doré. Poids, 69 gr.

467. Deux plaques de collier en or. Poids, 17 gr.

468. Bracelets de jambe à grelots, en argent. Travail oriental. Poids, 220 gr.

469. Bracelets en argent massif. Travail oriental. Poids, 185 gr.

470. Bracelets de jambe à grelots. Travail oriental. Poids, 180 gr.

471. Bracelets s'ajustant au poignet. Travail oriental. Poids, 222 gr.

472. Bracelets s'ajustant au-dessus de la cheville. Travail oriental. Poids, 500 gr.

473. Bracelets s'ajustant au-dessus du coude. Travail oriental. Poids, 120 gr.

474. Anneaux de pied en argent émaillé. Travail oriental. Poids, 486 gr.

475. Bracelets de poignet. Travail oriental. Poids, 94 gr.

476. Bracelets pour jambes. Poids, 245 gr.

477. Bracelets pour jambes. Poids, 113 gr.

478. Bracelets s'ajustant au-dessus du genou. Poids, 254 gr.

479. Chaîne de cou. Poids, 181 gr.

480. Chaîne de ceinture. Poids, 181 gr.

481. Bracelet s'ajustant au-dessus du coude. Poids, 76 gr.

482. Collier massif. Poids, 143 gr.

483. Cinq anneaux pour doigts de pieds. Poids, 35 gr.

484. Deux bracelets en filigrane. Poids, 65 gr.

485. Quatre paires de boucles d'oreilles et deux flacons. Poids, 116 gr.

486. Cinq pièces en émail et perles montées en argent.

487. Un collier en agate et onyx avec nœuds en or.

488. Trois bagues en argent, l'une avec cornaline gravée.

489. Un lot de cornalines lapis et agates taillées et gravées. Inscriptions.

490. Deux ibis en bronze.

491. Statuette d'homme debout vêtu d'une robe.

492. Statuette de prêtre portant un plateau.

493. Grande statuette, représentant une divinité assise sur un socle en bois de fer.

494. Grand cornet à côtes. Bronze ancien.

495. Vase à quatre pans avec anses formées par des têtes chimériques, et décoré d'arabesques. Bronze ancien.

496. Statuette de divinité accroupie.

497. Statuette représentant un zébu (bœuf) portant un personnage sur son dos.

498. Grande statuette en bronze doré, représentant une divinité assise.

499. Petit vase à une anse et à large ouverture en métal blanc gravé et supporté par trois pieds formés par des têtes chimériques.

500. Boîte à bétel de Tonkin, décorée de feuillages et fleurs en reliefs en partie dorés et argentés.

501. Deux flambeaux en bronze à trois pieds, formés par des têtes chimériques. Travail chinois.

502. Miroir rond en métal blanc, dont le revers renferme un bas-relief représentant au centre la tortue sacrée, et dans le fond des oiseaux dans un paysage.

503. Miroir carré, dont le revers porte des inscriptions en caractères anciens.

504. Miroir rond en métal, portant au centre une inscription en caractères chinois, entourée d'ornements en relief.

504 *bis*. Trois petits miroirs magiques cassés, portant des inscriptions.

505. Miroir à manche, décoré d'un bas-relief représentant une divinité assise sur un cerf et suivie d'un personnage.

506. Autre miroir décoré de rosaces, renfermant cinq têtes d'hommes.

507. Éléphant en ivoire, écrasant un homme sous ses pieds.

508. Plateau en ivoire sculpté, décoré de feuillages en relief; au centre une femme demi-nue est couchée. Le tout rehaussé de couleurs.

509. Petit miroir décoré d'un bas-relief sculpté et découpé à jours, représentant un personnage causant avec une femme. Le tout rehaussé de couleurs.

510. Manche d'ombrelle en ivoire sculpté, entièrement décoré de feuillages.

511. Divinité en bois doré et peint, assise sur un trône, les mains jointes.

512. Figure d'homme en bois sculpté, assis sur un mulet.

513. Statuette d'homme debout, bois sculpté.

514. Statuette d'homme, entièrement drapée; bois sculpté.

515. Statuette d'homme drapé, un bras levé.

516. Statuette grotesque en bois sculpté.

517. Autre statuette grotesque, bois sculpté.

518. Noyau sculpté, représentant une figure grotesque.

519. Statuette de divinité en argent repoussé, montée sur un oiseau les ailes étendues.

520. Plaque carrée en jade, représentant le dragon à quatre griffes, entouré d'arabesques et d'oiseaux et entièrement repercé à jours, présentant l'aspect de deux dentelles de pierres posées l'une sur l'autre.

521. Plaque ronde en jade, représentant un oiseau entouré d'arabesques. Travail chinois.

522. Écran chinois en albâtre, représentant une scène d'intérieur, avec monture en bois de fer.

523. Grand écran chinois en pierre, représentant un paysage, avec monture en bois de fer.

524. Trois petites pagodes chinoises en bois peint et sculpté.

525. Séchoir pour le thé en laque de Chine.

525 *bis*. Plaquette en vieux laque à fond d'or, décorée d'un animal fantastique en relief.

526. Grande écritoire en schiste à plusieurs couches, sculptée et décorée de têtes d'animaux fantastiques, dans sa boîte en bois de fer.

527. Autre plus petit portant le Dragon, avec pied en bois de fer.

528. Ecritoire rectangulaire formant boîte, en schiste sculpté; le couvercle est orné d'un paysage chinois en haut relief.

529. Statuette de femme en pierre de lare, dont le vêtement est gravé et rehaussé d'or et de couleurs.

529 *bis*. Cristal de roche : petit vase de forme aplatie, avec anses prises dans la masse; son bouchon, en or, est attaché par une chaîne ornée d'émeraudes. XVIe siècle.

530. Statuette de prêtre en pierre de lare; il est assis et joue d'un instrument.

531. Figure de divinité en ambre.

532. Deux tasses et une soucoupe en pierre de lare gravée et dorée.

533. Petit vase en pierre de lare, décoré de sculptures représentant la mer et des poissons.

534. Six pièces en albâtre et cornaline sculptées, fleurs, fruits et animaux.

535. Une pipe à opium avec tuyau en rotin gravé et bout en ivoire.

536. Autre avec tuyau en bois noir et bout en jade blanc.

537. Trousse de table, renfermant un couteau et deux bâtons d'ivoire servant aux Chinois à manger le riz.

538. Gong chinois, avec pied en bois.

539. Autre plus petit sans pied.

540. Deux bracelets, un collier et une croix à suspendre en filigrane d'argent.

541. Une boîte en argent, dorée à l'intérieur, en forme de petit pied chinois. Poids, 56 gr.

542. Un étui en filigrane d'argent doré et émaillé. Travail chinois.

543. Nécessaire de fumeur d'opium avec ses accessoires et six fourneaux de pipe en fayence et porte-pipe en bambou.

544. Trousse de peintre chinois, garnie de ses accessoires.

545. Tête de femme en ancienne porcelaine blanche de la Chine.

546. Légumier en porcelaine du Japon, représentant un crabe sur un plateau.

547. Binocle en argent avec son étui en bois de santal sculpté, incrusté d'écaille et monté en argent ciselé. Beau spécimen de travail indien.

548. Boîte à couvercle en ivoire sculpté, entièrement décorée d'arabesques et de figures humaines entrelacées; monture en argent doré. Inde.

549. Peigne en ivoire sculpté, décoré de chaque côté d'une divinité accroupie; à droite et à gauche, un oiseau chimérique. Travail indien.

550. Bracelets en ivoire sculpté repercé à jours, décoré d'entrelacs et de figures de divinités. Inde.

551. Olifant en ivoire, teint en rouge. Inde.

552. Bronze. Statuette d'animal chimérique, et manche de miroir avec un personnage assis et tenant un instrument. Travail indien.

553. Figure de femme debout, vêtue d'une longue robe plissée et portant dans ses bras un enfant. Ivoire. Travail indien.

554. Statuette en ivoire, représentant un prêtre agenouillé et priant. Inde.

555. Figure de femme en bois sculpté, peint et doré, jouant d'une sorte de mandoline. Inde moderne.

556. Deux figures de divinités, en bois sculpté et doré, se terminant en queue de poisson. Inde.

557. Figure de femme, en bois peint et doré, revêtue d'un costume de l'Inde.

558. Autre analogue.

559. Figure en bois peint, représentant un buffle.

560. Quatre figurines en bronze et deux en étain, provenant de Java.

560 *bis*. Suite de cinquante figurines en bois peint, représentant des costumes de l'Inde moderne.

561. Grand masque grotesque, en bois peint, dévorant une tête de femme. Ceylan.

562. Masque de divinité, en bois peint. Revers du N° précédent.

563. Grand tambourin, en bois de fer, sculpté et repercé, provenant de la Nouvelle-Zélande.

564. Trois figurines de divinités, en bois de fer, provenant des îles de l'Océanie.

565. Belle hache en jade blanc veiné de vert, avec son manche, provenant des îles de l'Océanie.

566. Idole en jade vert, les yeux en nacre. Océanie.

567. Un lot de colliers, bracelets et pendants d'oreilles des îles de l'Océanie.

568. Sous ce numéro seront vendus les objets non catalogués ou omis au présent catalogue.

Un grand médaillier en palissandre, à quatre glaces et huit tiroirs.

Une montre hexagonale en ébène, enrichie de bronzes dorés, avec glaces à biseau, sur son pied couvert en velours.

Deux montres à bijoux, en acajou, et garnies en soie blanche.

Un médaillier avec quatorze tiroirs, en laque de Chine; dessus en marbre blanc.

Autre médaillier en bois de rose, garni d'un grand nombre de tiroirs; dessus en marbre.

Une suite de vingt panneaux d'armoires vitrées peintes et dorées, avec soubassements à panneaux pleins et leurs tablettes; *rue de Lille, n° 9.*

www.ingramcontent.com/pod-product-compliance
Ingram Content Group UK Ltd.
Pitfield, Milton Keynes, MK11 3LW, UK
UKHW021108270726
13993UKWH00006B/1492

9 782329 500133